A Monsieur CLÉMENCEAU, Député.

DU

RADICALISME NIVELEUR

PAR

Le Docteur VITTEAUT

Membre correspondant de l'Académie de Dijon.

Prix : **0,50** *centimes*

PARIS

AUGUSTE GHIO, ÉDITEUR

PALAIS-ROYAL, 1, 3, 5, 7, GALERIE D'ORLÉANS

1888

DU

RADICALISME NIVELEUR

PAR

Le Docteur VITTEAUT

Membre correspondant de l'Académie de Dijon.

Prix : **0,50** centimes

PARIS

AUGUSTE GHIO, ÉDITEUR

PALAIS-ROYAL, 1, 3, 5, 7, GALERIE D'ORLÉANS

1888

DU

RADICALISME NIVELEUR

A Monsieur Clémenceau, *Député.*

Monsieur et très illustre Confrère,

J'entreprends de politiquer avec vous et contre vous. La France malade convie tous ses enfants à lui porter remède ; elle ne peut exclure les médecins. J'ai écrit quelque part qu'il en fallait pour la relever, mais qu'il n'en fallait pas trop.

Pour guérir la France, comme pour guérir tout individu, il est nécessaire, avant tout, de bien connaître son mal, la nature de sa maladie, ses causes, son tempérament, ses ressources, le régime et les moyens qui lui conviennent.

La France est devenue une démocratie. Tous les hommes marquants l'ont reconnu depuis 89. Le comte de Paris lui-même le reconnaît dans son manifeste, tout en développant son programme monarchique et en se posant comme le représentant de la royauté. Or, qui dit démocratie dit puissance du peuple, qu'il ne faut pas confondre avec la plèbe, et qui dit monarchie dit puissance d'un seul. Ces deux termes se tournent donc le dos ; ils sont irréconciliables. Nous sommes d'accord jusque-là.

L'idée démocratique a fait explosion en 1789, et cette idée s'est traduite par la République. Elle ne pouvait, elle ne peut se traduire que par la République, qui n'est pas le gouvernement de tous indistinctement, mais qui est le gouvernement de tous les citoyens méritants, riches et pauvres. Et cette République, elle a inscrit sur son drapeau ces mots fameux : *Liberté, Égalité, Fraternité, Travail.* Et en inscrivant ces mots, elle a fait dans l'ordre civil et politique, ce que le Fondateur du Christianisme avait fait dans l'ordre moral et religieux ; car, que vous le vouliez ou que vous ne le vouliez pas, c'est un fait historique capital dans les annales de l'humanité, le Christ a proclamé l'égalité devant la loi de Dieu, il a réhabilité la femme et arraché le genre humain à l'esclavage antique ; il a proclamé la liberté morale, c'est-à-dire la liberté du *for* intérieur, personne n'a été plus libre que le Christ ; il a proclamé la fraternité ou la charité, il a dit que nous étions tous frères, ses frères à lui, que nous étions tous les enfants d'un même père ; enfin, il a ennobli le travail en travaillant lui-même de ses divines mains. Voilà ce qu'a fait le Législateur des législateurs, Monsieur.

Il a fallu dix-huit siècles pour dégager ces principes supérieurs, les appliquer à l'ordre civil et les faire passer dans le domaine politique. La République, qui en est l'héritière directe, dérive donc du Christianisme ; ses principes ont leurs antécédents dans les principes chrétiens, ils en découlent en ligne droite et en sont les corollaires immédiats. — C'est ce qu'il importe de faire remarquer à tous les monarchistes, qui n'en veulent pas entendre parler, qui ont en horreur république et républicains, qui confondent à dessein ceux-ci avec celle-là, et qui, par une contradiction singulière, singulièrement calculée, prétendent être les seuls champions de la religion du Christ.

Mais ce qu'il importe aussi de faire remarquer aux politiques, comme vous, c'est que la loi du Christ, qui n'est que le développement de la loi naturelle, ancienne, du Décalogue, est la grande charte de l'humanité ; ce n'est pas la loi de tel ou tel peuple, c'est la loi de tous les peuples sans exception, la loi de toutes les nations républicaines, monarchiques, oligarchiques, la loi de toutes les sociétés humaines, *le substratum* parfait de toute société vivante, la loi primordiale de la famille, qui s'adresse à l'essence de l'homme, à sa conscience, à sa liberté, à ses plus hautes facultés, comme à ses plus hautes destinées, la loi des lois, la source et le fondement des lois humaines, celle sans laquelle les lois humaines ne peuvent tenir et faire progresser les individus et les nations.

La France, Monsieur, vivait sous cette loi avant 89 ; et, si elle a prospéré, si elle s'est élevée dans le monde à un degré de grandeur inouïe, c'est grâce à cette loi qui a suppléé à tout et que rien ne peut suppléer si l'on veut monter dans le vrai progrès.

Malheureusement, des abus se sont produits (on abuse de ce qu'il y a de plus saint, de plus excellent), et au siècle dernier des philosophes se sont levés. Au lieu de se borner à attaquer les abus, et, chose suffisamment grande et glorieuse, à organiser le régime politique nouveau, ils se sont évertués à saper les bases de l'édifice social, ils ont voulu mettre leur raison à la place de la Raison divine, ils ont voulu diviniser la raison humaine. Vous savez ce qu'il en est résulté : quelles horreurs et quels meurtres en masses ont été commis au nom et sous le culte de la déesse Raison. Tous y passaient, royalistes et républicains.

Le Progrès négatif aidant, non seulement on a attaqué l'Infâme (c'est ainsi qu'ils nommaient le Christ), mais on s'est acharné contre tout ce qui est divin. On a nié Dieu et l'on a nié l'âme immortelle créée à l'image de Dieu.

Oui, des pseudo-savants sont venus, et vous donnez à plein collier dans leur école, qui ont prétendu que l'homme n'était qu'un *mammifère bimane, de l'ordre des primates*, et qui ont soutenu que son cerveau, l'organe ou l'instrument de l'âme, était l'âme elle-même, rien que l'âme et toute l'âme ; qu'il n'y avait en nous que des cellules cérébrales, et que ces cellules avaient la propriété de penser ; que, quand l'homme mourrait, tout était mort ; qu'il n'y avait rien au-delà de la tombe, et que, par conséquent, tout le but de l'homme sur cette terre pour atteindre le bonheur et remplir sa destinée, consistait à jouir par ses papilles nerveuses et par ses organes digestifs et génitaux.

C'est bien là, si je ne m'abuse, votre doctrine, Monsieur, doctrine éminemment matérialiste, que vous ou votre parti avez la prétention de transplanter dans la politique pour régir les rapports des citoyens entre eux et des nations entre elles.

Je ne veux point tracer ici les lignes de démarcation entre la politique et la religion, pas plus que je ne veux essayer de réfuter vos erreurs scientifiques doctrinales ; je l'ai fait ailleurs, comme j'ai essayé de démontrer ailleurs que ces deux grandes et nobles institutions : la politique et la religion, les rôles étant bien définis, séparés, pouvaient parfaitement et devaient vivre en harmonie pour le plus grand bien de l'humanité. Je veux seulement vous faire observer que jamais on ne comprendra, on ne pourra admettre raisonnablement, philosophiquement, scientifiquement que votre matière cérébrale, votre pulpe cérébrale, qui, après tout, n'est que de la matière, puisse s'affirmer, dire *je*, puisse se souvenir, combiner des idées, imaginer dans les arts, sentir, aimer, connaître, vouloir ou se déterminer, qu'elle puisse raisonner, méditer des plans, agiter, résoudre de vastes problèmes, et, par une dialectique pressée, renverser des ministères, comme vous le faites. Ces cellules cérébrales, vous ne l'ignorez pas plus que moi, elles se renouvellent sans cesse, comme les cellules de tous nos tissus, et disparaissent complètement au bout de quelques semaines (Flourens). Avec elles donc, l'unité de la pensée, l'unité du *moi*, son identité, l'unité et l'identité de la personne humaine n'existent pas, ne peuvent exister ; il n'y a, il ne peut y avoir aucune responsabilité morale, et, quand les tribunaux punissent un coupable, un détenu depuis deux mois seulement, la peine n'atteint pas, ne saurait atteindre ce qui en lui aurait commis un délit ou un crime, les cellules qui auraient commis ce crime ou ce délit étant remplacées par d'autres et ne faisant plus partie de son organisme. Dans votre système adoptif, qu'on soutient audacieusement et très criminellement, non seulement au conseil municipal de Paris, mais dans nos écoles anthropologiques et dans nos facultés, il n'y a plus de libre arbitre, il n'y a plus de justice, et je m'étonne que vous osiez intituler votre journal de ce beau titre ; vous n'en avez pas le droit. L'âme n'existant point pour vous, Dieu n'étant point pour vous, il n'y a plus pour vous ni juste, ni injuste, il n'y a plus que l'*utile* qui procure le plaisir ; il n'y a plus que des appétits à satisfaire, des ruses, des forces instinctives pour assouvir ses besoins et jouir organiquement.

Mais ce sur quoi j'appelle votre attention, Monsieur, c'est sur ce fait expérimental que nos yeux voient, que nos mains touchent : le progrès moral qui décline et qui est en raison inverse du progrès matériel scientifique.

Depuis que vos doctrines, qui ne sont point vôtres, se font jour, et dans le milieu où elles pénètrent, chacun peut le constater, à des exceptions près chez des natures privilégiées, les caractères s'abaissent ; le baromètre de la moralité descend ; les fraudes, les

délits, les crimes, les attentats de toutes sortes se multiplient ;
la fraternité n'est plus qu'une fraternité de tigres ; l'égalité, un
niveau qui tend à passer sur toutes les têtes, excepté sur celle
qui le manie ; la liberté, un audacieux mensonge ; la licence au
lieu de la liberté, la licence dans la feuille à un sou, à quatre sous,
dans les revues, le roman, au théâtre, dans les réunions, dans les
clubs, la licence partout ; la discorde, la hideuse discorde, à la
place de l'union ; l'autorité nulle part, ni dans l'atelier : demandez-
le aux chefs d'industrie ; ni dans la famille : demandez-le aux
pères et mères ; ni dans la domesticité : demandez-le aux chefs
de maison, encore moins dans certains conseils municipaux, celui
de la capitale entre autres, dans les régions administratives,
législatives, gouvernementales. Le Grand-Orient lui-même
n'oriente plus rien, ou plutôt est totalement désorienté depuis
qu'il a banni le « Grand-Architecte. » Et vous venez nous parler
d'union, de concentration politique républicaine, quand chacun
de vous entend s'imposer, quand l'ambition vous ronge, ainsi
que l'envie jalouse, haineuse, quand vous êtes, chacun à vous-
même, votre idole, votre divinité !!!

Vertu ! vertu ! tu n'es qu'un mot, ont répété certains sceptiques
en voyant ce qui se passe sur le théâtre de notre monde. Est-ce
que, sous l'empire de tant d'idées malsaines, on ne redit pas déjà
que la patrie, elle aussi, n'est qu'un vain mot ?

N'allez pas croire, Monsieur, que je vienne vous accuser dans
votre bonne foi de patriote. Je ne la mets nullement en doute. Je
n'accuse que vos doctrines ; elles nous appartiennent, de même
que tous vos actes publics. Je vous accorde une belle intelligence,
des ressources extraordinaires de tribune pour l'attaque. Je pense
même qu'il vous arrive de voir juste, comme lorsque vous jetez
un regard de l'autre côté du Rhin et que vous représentez qu'on
n'aille pas dépenser ses soldats et ses millions dans les marais
du Tonkin. Mes ces ressources habiles, à quoi tendent-elles pour
l'ordinaire ? à affermir la République, à la faire respecter de
l'étranger ? Elles tendent ni plus ni moins qu'à abattre un ministère, et chaque coup que vous portez est un coup contre la
République et contre la France. — Vous avez été un duelliste
redoutable, vous êtes un gladiateur politique également redoutable. On dirait que vous vous complaisez à ces jeux sinistres, à
ces tristes succès qui sont d'autant moins glorieux que, pour les
remporter, vous avez parfois l'appoint de vous savez qui.

Le soi-disant conservateur sait qu'il est de l'essence du radicalisme, tel que le vôtre, de secouer le pouvoir, de niveler tout pouvoir ; il n'est pas étonnant, du moment que le pouvoir que vous attaquez est un pouvoir républicain, il n'est pas surprenant qu'il se joigne à vous pour l'anéantir. Mais qu'il y prenne garde ! Au lieu de trouver ce qu'il cherche dans cette direction, avec cette tactique, il pourrait bien rencontrer l'abîme que vous creusez de plus en plus par ensemble.

Non, non, il faut en prendre son parti, jamais vous ne serez ce qu'on appelle un homme politique, gouvernemental.

D'une manière constante, les doctrines négatives qu'on professe parmi vous, ces doctrines qui n'ont de scientifique que l'apparence, que le ton, qui donnent à l'homme de la présomption et de l'orgueil, qui cataractent sa raison, sont radicalement impuissantes à fonder. Encore si elles n'étaient qu'impuissantes à fonder, mais elles ne sont propres qu'à détruire.

Et en effet, l'expérience, encore une fois, est là pour le démontrer. Malgré tous les moyens dont la science dispose, malgré tout le talent dépensé, l'argent dépensé, malgré toutes les statistiques, tous les calculs, toutes les mesures prises, toutes les habiletés, malgré tous les efforts humains, le génie de l'homme, malgré les agents nouveaux, les forces nouvelles qui le secondent, le résultat pour le pays est ce qu'il est. Les prémisses étant fausses, les conséquences le sont ; les principes étant délétères, les résultats sont délétères. Ce n'est plus la vie parmi nous, c'est la maladie, le marasme, c'est la décomposition sociale, quelque chose comme la mort.

Et il en a toujours été ainsi historiquement parlant. Tout sort des doctrines, les actes des peuples et ceux des individus, et ce qui est dans l'idée d'un peuple, dans la tête d'un peuple, ce qui hante son intelligence ne peut moins faire que de se traduire en actes. Voilà pourquoi la presse, qui devrait être un si grand levier pour le bien, devient un dissolvant, le plus grand des dissolvants, quand elle sature l'âme d'une nation d'idées fausses, de théories erronées, déshonnêtes, quand surtout elle vulgarise l'impiété, comme elle le fait. L'intelligence ne suffit pas, la science ne suffit pas ; Lucifer ne manque ni de science ni d'intelligence, et ce Génie du mal ne fait que bouleverser et détruire. Combien, sans qu'ils s'en doutent, se font les lieutenants de cet ennemi de l'ordre social et de tout bien réel dans le monde !

Si je ne croyais, Monsieur, qu'à ce que l'on croit de votre côté, je tendrais de toutes mes forces à luculliser, à sardanapaliser; je wilsonnerais; je m'appliquerais à voler honnêtement et splendidement; je ne reculerais devant aucuns moyens pour jouir par toutes mes surfaces nerveuses, pour caresser les contours d'une femelle d'opéra ou autre, car il n'y a plus que des mâles et des femelles dans votre système scientifique, tant vanté par notre célèbre confrère Hovelacque; je mettrais tout en œuvre pour satisfaire mon tube digestif et mon appareil génital; et, pour arriver en politique, je ferais comme tant de pseudo-patriotes, qui égarent, trompent par des promesses fallacieuses, qui flattent les mauvaises passions des masses et spéculent sur elles, qui savent faire leurs affaires et se moquent de celles du peuple. Et si j'étais à la place de la populace, imbue de pareilles idées, je voudrais être conséquent, logique, je voudrais, profitant des découvertes de la science, faire sauter ceux qui sont assis au banquet de la jouissance et prendre leur place.

Cela posé, Monsieur, vous l'avez compris, d'autres le comprendront, je l'espère, si vous vous obstinez à ne pas vouloir l'entendre, ce qui fait par-dessus tout le mal de la France, de notre magnifique patrie, c'est l'absence du divin, c'est, au lieu du divin, du spiritualiste, l'athéisme, le hideux athéisme, l'abject matérialisme théorique et pratique, ce sont ces idées négatives, ce radicalisme niveleur, ce radicalisme politique qui provient de l'athéisme matérialiste et dont vous êtes le représentant. Par conséquent, le remède, le grand remède, c'est de revenir au Christ de Dieu, à l'idée religieuse, à ces croyances spiritualistes qui élèvent l'âme des générations; c'est de cesser cette guerre impie, stupidement impie qu'on fait aux consciences religieuses, aux servantes du Christ, aux ministres du Christ, à Celui qui le représente si dignement ici-bas. Et quand je dis qu'il faut revenir au Christ, je n'entends point dire qu'il faille revenir au Christ de ce clergé qui formait un corps politique dans l'État, au Christ plus ou moins orléaniste, plus ou moins bonapartiste, j'entends parler du Christ évangélique, le vrai, l'unique, Celui qui est venu pour tous, et surtout pour les petits, les déshérités.

Le Christ, ayant eu pour objectif les principes sociaux et religieux avec les moyens de relier l'humanité à la Divinité, et s'étant placé en dehors et au-dessus de la politique, qu'il abandonné du reste comme tant de choses à la dispute des hommes, le prêtre doit imiter le Christ, il doit se tenir dans sa sublime sphère, s'y mouvoir librement, sans jamais se mêler aux luttes de partis, sans descendre jamais dans l'arène électorale. C'est pour cette raison que, dans mon projet de loi sur le suffrage universel, si je le dispense du service militaire, de même que l'instituteur qui a aussi sa mission sociale particulière, je les prive l'un et l'autre du droit de vote.

Ce n'est point dans le changement de régime qu'on trouvera le salut. Nous savons tous que des citoyens, dont je respecte du reste le caractère et l'honorabilité, qui ont des raisons de regretter le passé, s'acharnent à poursuivre de leurs malédictions et à discréditer le régime actuel, la République, qui dérive pourtant des principes évangéliques, qui a l'*ignoble tort* de dériver de là, et qui est bien au fond l'expression de la justice humaine la plus juste. Ils la rendent responsable de tous nos maux, l'entravent, cherchent à l'entraver, tandis que, s'ils étaient complètement équitables, s'ils voulaient réellement pour les autres les droits qu'ils veulent pour eux, ils devraient non seulement l'admettre, la reconnaître, la proclamer, comme ils la proclament aux jours de chaque effondrement monarchique, mais mettre à son service leurs lumières, leur expérience, leur fortune, pour pouvoir participer à ses emplois, à ses honneurs, pour avoir leur légitime part d'influence dans sa direction.

L'*Alliance de la Démocratie avec le Christianisme,* tel est le titre du travail que j'ai l'honneur de vous adresser pour vous en faire hommage, Monsieur et très illustre Confrère. Là est mon idéal. Si vous y réfléchissez sérieusement, je ne désespère point qu'il pourra devenir le vôtre.

Sans doute, avec l'idée chrétienne on ne peut avoir la solution de tous les problèmes sociaux, des problèmes de politique pure surtout; mais au moyen de cette idée, combinée avec l'idée scientifique, sous l'égide de la République, ces problèmes seraient bientôt résolus.

M. Goblet, président du Conseil, en face des Vendéens, déclarait naguère (je doute, depuis son fameux discours du 16 janvier, qu'il fasse la même déclaration aux Conseillers municipaux de Paris), M. Goblet déclarait qu'avec le *sentiment religieux le devoir est facile;* nous, à la face de tous, nous déclarons qu'avec l'*idée religieuse,* qui suppose la raison réfléchie, beaucoup de questions posées devant le siècle se résoudraient facilement.

Quel soufflet, Monsieur, infligé sur le front de nos politiques et de nos philosophes, que ce spectacle navrant, non seulement de la France, mais de l'Europe, avec cette civilisation de surface qui dissimule mal une barbarie raffinée, savante ! Quel soufflet à la vue de ce désordre intellectuel, moral, de ces abus de la force, de ces inventions pour s'entredétruire, de ces ambitions perverses, de ces traités d'alliance conclus, en apparence, *pour des intérêts communs, la défense commune*, au fond pour voler des provinces, des états, en assassinant les populations ! Nous sortons à peine d'une guerre civile et d'une guerre étrangère, que nous sommes menacés de guerres civiles et de guerres entre peuples autrement formidables. Quel soufflet pour les savants contemporains ! Quelle leçon pour les nations ! Les philosophes rationalistes, qu'il ne faut point confondre avec les philosophes rationnels, les rationalistes, ces rhéteurs de décadence, ont vu l'humanité telle qu'elle devrait être et non telle qu'elle est. Ignorant les courants héréditaires morbides au point de vue psychologique, c'est-à-dire par rapport à la santé de l'âme, qui se transmettent de générations en générations dans la grande famille humaine, à l'instar des courants héréditaires morbides organiques, ne soupçonnant point le *double vice originel*, s'ignorant eux-mêmes, méconnaissant les tares spirituelles qui sont en eux, incapables de se connaître tant la cataracte de l'orgueil voile leur œil intellectuel, ils se sont figuré qu'avec leur seule raison ainsi voilée, qu'avec leur seule volonté passionnée, dévoyée, ils pouvaient, dans la pratique des devoirs en général et pour les règles à suivre, se passer de Dieu et des ressources de sa religion. Les politiques de droite, de gauche ont emboîté le pas des philosophes, et dans le gouvernement des sociétés ils se sont crus de taille, eux aussi, à pouvoir s'en passer ; ils se gardent bien de prononcer son nom ; on dirait qu'ils ont peur de se compromettre en le prononçant. Les savants, je ne dis pas les vrais, les grands, les purs tels que les Cuvier, les Andral, les Jean-Baptiste Dumas, les Chevreul, les savants, les sectaires et toute la tourbe des libres-penseurs qui ne pensent rien du tout, ont été plus loin : ils se sont imaginé que, non seulement sans la loi de Dieu, mais contre la loi de Dieu, ils pouvaient régir le monde et le faire progresser.

Je défie tous les savants, tous les sages de notre pays, y compris M. Jules Ferry et tous nos Jules, avec leurs bagages de science, de lois, de réglementation, d'arrêter cette *marée montante de la criminalité* dont parle notre ministre de l'intérieur, je défie toutes les puissantes têtes du temps d'enrayer ce mouvement de décomposition qui travaille l'Europe impie. Il faut autre chose que leur humaine sagesse. Dieu veuille, car nous ne cessons jamais d'être entre ses mains, Dieu veuille qu'il ne faille pas des baptêmes de sang pour nous régénérer et nous faire revenir à lui !

La France, Monsieur, est d'un tempérament nerveux, un peu mobile ; elle est troublée, elle est tourmentée, elle est divisée, elle a un immense besoin de calme et de paix, et vous ne faites que l'agacer, que l'agiter, que la torturer, que la diviser davantage ; elle aurait besoin d'être gouvernée, et vous ne faites que briser ceux qui sont appelés au Pouvoir. — Celui qui doit à sa conscience d'honnête homme d'être à la tête de la République, dont la venue a soulagé les poitrines françaises et a été accueillie par l'Europe respectueusement sympathique, celui-là est à peine installé, que vous et les vôtres vous attaquez le premier de ses actes. Ce n'est pas *sérieux,* dites-vous avec cet aplomb qui vous caractérise, ce n'est pas *sérieux* en parlant de son décret ministériel. C'est un *défi,* s'écrie votre second, votre Camille, avec cet accent âcre, pour ne pas dire brutal, qu'on lui connaît. Je passe sous silence les autres, ils ne méritent pas qu'on cite leurs noms.

Elle est travailleuse, la France, et je me suis demandé souvent ce que vous avez fait pour ses travailleurs dans votre Commission des 44 et ailleurs. Avec ces questions irritantes, personnelles que vous agitez, vous paralysez le travail, le commerce, l'industrie.

Elle est riche, puissamment riche, notre France, mais elle est endettée de 30 milliards au moins, elle a un budget de près de 38 cent millions, qu'elle ne peut équilibrer, elle est écrasée de charges ; et, pour l'exonérer, vous n'avez à lui offrir que deux iniquités surannées : l'impôt progressif et l'abolition du budget des cultes, iniquités dont l'une est sociale et l'autre sacrilège. Vous vous gardez bien d'atteindre ces pensions, ces traitements scandaleux, ces boissons si désastreuses pour la santé publique, — que dis-je ! — pour la race, et qui rapporteraient des millions et des millions ; de toucher à ces taxes qui relèveraient notre agriculture, notre commerce, mais qui froisseraient le citoyen des villes, etc., etc., et cela, pour cause de....., pour ménager votre clientèle électorale, et parce que, pour être, vous avez besoin de vous appuyer sur des affamés, d'insatiables jouisseurs, et sur ce qu'on a appelé la vile multitude.

Elle est noble, notre patrie française, elle est généreuse, elle a des aspirations parfois sublimes, et vous lui coupez les ailes, vous la ravalez par vos doctrines énervantes, égoïstes. C'est la patrie des Fénelon, des Descartes, et vous voudriez lui imposer votre matérialisme! Ce sont les évêques qui ont fait notre France, et vous voudriez les réduire! Elle est la fille aînée de l'Église, et vous entreprenez de lui ravir sa mère! Car, soyons francs dans le pays des Francs, ce que vous poursuivez ou, si vous aimez mieux, ce que l'on poursuit parmi vous, ce n'est pas la séparation de l'Église et de l'État, mais bien la suppression de l'Église et l'omnipotence de l'État athée; c'est si vrai que, dans ce but, vous écartez, avec un soin jaloux, tout ce qui a le sens religieux, vous laïcisez à outrance, vous tendez à tarir la source du sacerdoce par votre loi militaire, vous voulez spolier le clergé de son indemnité qui lui est si légitimement due; vous voulez que, dans votre système d'éducation qui n'est pas de vous, les enfants de la France cessent d'apprendre le nom de Dieu. Ah! quelle génération d'affreux mammifères vous nous réserveriez si nous ne nous jetions en travers de vos projets!

La France est d'une constitution extrêmement forte, elle est vaillante, elle porte encore son épée; elle est malade, il est vrai, très malade, mais elle est robuste, et je suis loin de désespérer d'elle. Non! je ne désespère point de notre France. Elle saura trouver, au milieu d'une de ses crises les plus violentes, soutenue par les bras de ses fils, elle saura trouver, dans sa nature vigoureuse et aussi dans la protection d'en Haut, des forces nécessaires pour vomir le poison, et avec le poison ceux qui l'empoisonnent; elle saura faire face aux complications quelles qu'elles soient et poursuivre dans l'univers ses incomparables destinées.

Qu'on cesse de se faire illusion! Ce n'est ni avec le scrutin de listes, ni avec le scrutin d'arrondissement, ni avec telle ou telle stratégie parlementaire, administrative, avec telle ou telle habileté, telle camaraderie, voire même avec telle ou telle alliance, soit au-dedans, soit au-dehors, qui ne nous manquerait assurément pas, si nous étions sages, si nous savions nous affranchir du radicalisme, ce n'est ni avec ceci, ni avec cela que nous nous sauverons.

Vous allez répétant gravement, doctoralement, que la conciliation peut se faire sur le *terrain des réformes*, sans vous apercevoir qu'en voulant tout réformer, vous nivelez tout. La première et la plus grande des réformes à faire, Monsieur, ce serait de nous réformer nous-mêmes.

La concentration républicaine réelle, durable, effective, est un mythe. Elle a pu se faire, — et nous savons comment elle s'est faite, — sur le terrain présidentiel, gouvernemental; elle est radicalement impossible sur le terrain parlementaire, avec ces groupes, ces sous-groupes opposés, qui s'en veulent, avec chacun de ces éminents qui l'invoque, qui la voudrait vraiment, mais à la condition qu'elle se fît sur soi-même et sur soi seul. C'est la tour de Babel, croyez-moi, dont l'Exposition de 1889, si elle a lieu, nous ménage la volumineuse et gigantesque image.

Mais la dissolution! La dissolution de la Chambre des députés, elle nous ramène par-devant le suffrage universel, et ce que j'ai exposé longuement dans une étude à part sur la matière, mon *Suffrage universel,* ce que j'ai reçu des hommes les plus compétents à ce sujet, m'autorise en quelque sorte à formuler des réserves à propos de cette mesure extrême.

Le suffrage universel, tel qu'il est pratiqué, est une force aveugle, une arme à deux tranchants. Exploité comme il l'est, il peut aussi bien dérailler à droite qu'à gauche, surtout à l'extrême gauche dans les grands centres. Il peut parfaitement nous doter d'un sabre qui sabrera toutes nos institutions. Quand un peuple a faim, il se jette dans les bras du premier Boulanger venu.

Que ce suffrage aille à droite, la question n'est point résolue : elle se complique plutôt; car, comme nous l'avons dit, la France est une démocratie; elle se trouverait de nouveau en face de factions rivales, de partis plus irréconciliables que jamais, eu présence d'un parlement d'un côté et d'un président de république avec un Sénat de l'autre. Qu'il aille à une dictature, la question, comme toujours, n'est que reculée, et il y a des torrents de sang versé en plus. Qu'il aille au radicalisme matérialiste, c'est la pire des choses, la fin de la France.

Mais, enfin, que faire? direz-vous; vous n'admettrez pas que votre bon Dieu vous envoie saint Michel Archange pour nous sortir de là.

Nous admettons, Monsieur, qu'il peut venir à notre secours si nous l'implorons, comme on l'implore dans les monarchies et les républiques dignes de ce nom aux grands jours des suprêmes épreuves. Ce bon Dieu que vous avez déclaré ne pas vouloir dans le Code par-devant vos aimables électeurs, nous, nous le voulons

en tête de notre Constitution, comme Cormenin l'avait voulu e
obtenu en 1848, et nous voulons qu'on jure, en son nom et au nom
du peuple français, fidélité à cette Constitution. Nous nous rap-
pelons qu'il est écrit : Aide-toi, le Ciel t'aidera. Il s'agit donc et il
suffit de vouloir virilement avec l'aide de Dieu.

Puisque la dissolution est chose scabreuse, qu'elle ne résout
rien, puisque l'union est impossible dans le camp républicain,
attendu que nous ne *courons* plus à une démocratie, comme
disaient jadis les de Broglie, les Guizot, mais que nous y sommes
pleinement, attendu que la République en est la seule expression
gouvernementale, qu'elle est en principe le gouvernement de la
justice par excellence, le gouvernement nécessaire, inévitable
malgré tous les Bocher, tous les Hervé, tous les Jolibois, tous les
de Padoue de la terre, malgré même les fautes graves commises
en son nom, politiquement parlant j'ai préconisé et préconise un
moyen. Ce moyen, c'est l'entente entre tous les hommes raison-
nables, entre tous les hommes de cœur et de bonne volonté, c'est
la conjonction des centres et de leurs limites les plus étendues
pour arriver à une majorité dans les Chambres.

Vu l'état de certains esprits, qui n'est pas l'état général de la
nation, je n'ignore point les difficultés d'un tel rapprochement,
quand j'entends M. de Lamarzelle s'écrier à la tribune : *Nous ne
voulons point d'alliance avec vous* (les gauches), quand M. Goblet,
se tournant du côté opposé de la Chambre, fait la même déclaration de guerre, quand surtout M. le Président de la République,
recevant les délégués de la Commission du budget, leur dit :
l'ennemi, c'est la droite.

Il y a beaucoup de monarchistes si profondément pieux et dé-
vots que, si la République leur assurait dans les choses religieuses
plus qu'ils n'ont droit d'attendre, ils n'en maudiraient pas moins
la République, tant ils mettent leur Roi, leur situation privilégiée
avec leur Roi, au-dessus de leur Dieu, comme il existe trop de
républicains tellement insensés, tellement subversifs que, du
moment qu'ils voient dans un projet, dans une disposition de loi,
dans les manifestations d'un citoyen, tant soit peu d'apparence
religieuse, ils repoussent avec rage le projet, la disposition de la
loi, le citoyen. Plutôt pour eux la ruine de la patrie que sa grandeur
avec l'idée divine. Pour les uns, le Roi avant tout ; pour les autres,
le sans-Dieu avant tout : fanatisme, délire des deux côtés ! Le
monarchiste a mauvaise grâce à repousser la République qui, il

en convient, est l'expression la plus parfaite de la justice humaine, il est injuste ; le républicain sectaire a plus mauvaise grâce à rejeter Dieu, qui est la justice absolue, il est plus inique, infiniment plus coupable dans ce sens qu'en voulant éliminer Dieu, il perd la cause républicaine, il perd la société, la société ne pouvant exister sans Dieu.

Je suis convaincu que M. le Président de la République ne tiendrait pas le langage qu'il a tenu, si M. de Mackau et ses amis s'engageaient à ne plus correspondre avec leurs prétendants ; s'ils ne voulaient plus voir dans le parti républicain que ses fautes, les faire ressortir habilement à seule fin de les exploiter contre la République ; si leurs prédicateurs laïques ne s'en allaient pas par toute la France, prêchant la sainte croisade monarchique avec des tirades hardies et passionnées contre le régime actuel ; si leurs comités et leurs organes cessaient de souffler la dissension en forgeant l'injure, et même la calomnie du matin au soir et du soir au matin ; si, en un mot, les monarchistes, au lieu de cacher leur drapeau pour mystifier les électeurs et de conspirer avec leurs princes, se ralliaient franchement à cette République que tout le monde a acceptée et accepterait si elle était vraiment nationale.

M. Carnot ne tardera pas à reconnaître que la concentration entre républicains est impossible ou, si elle peut se faire momentanément, elle ne peut se faire qu'au profit d'une poignée de radicaux les plus avancés, par conséquent qu'en sacrifiant de plus en plus les finances du pays, sa religion, son avenir, son existence même. — Sa droiture, sa probité, ses antécédents, son patriotisme lui commanderont de travailler à constituer une majorité, avec tous les éléments sains, avec toutes les volontés, les énergies dignes, et à affermir ainsi la grande et noble cause républicaine à laquelle son nom se trouve non plus seulement associé, mais soudé, identifié.

M. Rouvier, dans son discours au banquet de l'industrie parisienne, voulait que cette majorité (je rappelle ici les paroles de cet homme d'État) *fût ouverte sur ses deux ailes : d'une part, aux vieux républicains ; d'autre part, à ceux-là qui, acceptant la République, veulent y entrer sans arrière-pensée.* Le président du Conseil, ce jour-là, 17 août dernier, ajoutait : « Nous n'avons pas d'autre préoccupation que de réconcilier tous les Français sur le terrain des institutions républicaines. »

Cette pensée de M. Rouvier, nous l'avons exprimée à quelque

chose près, en 1886, dans les conclusions de notre travail, *l'Alliance de la Démocratie avec le Christianisme*, alors que nous faisions appel à tous les hommes sages, à droite comme à gauche, pour former la majorité tant désirée, tant recherchée, si nécessaire.

Cette majorité républicaine de bon aloi se fera par la force des choses ; elle s'impose et peut-être qu'elle n'est pas si éloignée qu'on se l'imagine ; elle devient urgente en face du péril grandissant ; car, déjà, la Commune, qui a trouvé moyen de s'introduire à l'Élysée, en bottes vernies, n'attend qu'un ministère radical pour s'y introduire autrement. — La gauche ne peut avoir la prétention d'exterminer la droite, et la droite ne peut prétendre à avoir raison de la gauche. Qu'on désarme donc et qu'on se concentre sur ces deux noms sacrés : *Dieu* et *la République*. La vraie majorité est là.

Une fois constituée, son premier et impérieux devoir serait, dans l'intérêt bien compris de l'avenir de la République, tout en conservant notre Constitution de 1875, ainsi que je l'ai déjà publié, de la reviser à l'endroit des pouvoirs présidentiels (le pouvoir exécutif n'est pas suffisamment armé), à l'endroit surtout du suffrage universel. C'est là le nœud gordien, la plaie politique, le rouage principal de notre organisme qu'il faut refondre.

Le suffrage universel, soit dit en passant, est, pour le présent, l'objet d'une tendre sollicitude de la part des monarchistes ; ils vont au-devant de lui, le caressent pour en profiter dans un moment de désarroi, sauf à le supprimer, leur but étant atteint, semblables à ces frères qui veulent embrasser leurs frères pour mieux les étouffer.

Vouloir supprimer le suffrage universel, c'est un crime de lèse-nation, un non sens, c'est se heurter à une impossibilité absolue. Mais si nous voulons qu'il devienne un instrument de vie, il faut l'entourer de garanties sérieuses, l'affranchir, l'éclairer, l'imprégner de moralité, il faut l'assainir, l'écheniller. Sans cela, nous aurons beau nous associer, nous syndiquer, fonder des sociétés de secours mutuels, de tir, de gymnastique, des bataillons scolaires, créer des asiles, des caisses de retraite, des hospices, ouvrir partout des écoles, des voies ferrées, des lignes télégraphiques, téléphoniques, faire venir la mer à Paris, en appeler aux vivants et aux morts, à la science militaire, économique, hygiénique, nous aurons beau essayer toutes les combinaisons, depuis MM. de Freycinet, Goblet, Brisson, Floquet jusqu'à MM. Keller, Chesnelong, Pouyer-Quertier, de Mun, pour lesquels je voterais des deux mains s'ils se ralliaient, nous nous battrons les flancs en vain ; sous la loi brute du nombre, étant donnée la liberté de tout dire, de tout écrire, qui conduit logiquement et nécessairement à tout faire, nous n'arriverons à rien, nous ne ferons qu'aboutir de plus en plus à des déceptions, à des inepties, à des nominations étrangement scandaleuses, compromettantes, dans les conseils municipaux, les conseils généraux, dans nos assemblées délibérantes, nous ne ferons que descendre de plus en plus et nous ensevelir dans une commune généralisée.

Il faut que, dans la loi et pour les fonctions électives, les plus hautes surtout, les choses soient organisées de telle sorte que les intransigeants de droite et de gauche soient exclus ou mieux s'excluent eux-mêmes, que beaucoup de radicaux le soient, que l'athée le soit, et qu'à la place d'un très grand nombre d'avocats et de médecins à la Chambre des Députés il y ait d'office, de droit constitutionnel, au moins vingt représentants ouvriers, les candidatures ouvrières se faisant aux frais de l'État, sous certaines conditions, bien entendu, et selon les indications produites dans ma thèse sur cette question vitale.

Ainsi, conjonction des centres et de leurs limites les plus reculées, et pour cela, synergie et dévouement de tous les bons citoyens ; majorité parlementaire ; revision de notre constitution au point de vue du suffrage universel surtout, telle est, selon mon avis de pauvre docteur rural, et, comme je l'ai développé, la seule solution légale, pacifique, populaire, à la fois conservatrice et démocratique, et qui répondrait à tous les intérêts, aux intérêts politiques, sociaux et religieux.

Mais qu'entends-je, en achevant ces lignes ? Des bruits de guerre d'extermination comme jamais la terre n'en a vu. Il se fait, sur les frontières des vieilles nations du centre, des concentrations bien différentes de celle dont nous parlons. Il y a dans l'air comme une odeur de poudre. Si la guerre doit éclater dans quelques semaines ou dans quelques jours, l'entente que je propose devient de plus en plus urgente ; l'entente, et une entente patriotique, est obligatoire sur toute la ligne. L'heure n'est plus aux plaisirs, à la danse. C'est l'heure du recueillement, des sacrifices, des grandes résolutions. Il s'agit de prendre des mesures énergiques : d'une part, contre la Commune, bien capable de renouveler au-delà ce qu'elle a fait devant l'ennemi ; d'autre part, contre l'invasion étrangère. Catilina est dans nos murs. Attila est à nos portes, Attila le fléau de Dieu. Pour conjurer Catilina, prenons à l'intérieur les moyens qu'exige l'ordre public ; pour conjurer le moderne Attila, doublé du Machiavel italien, armons-nous jusqu'aux dents ; soyons vigilants, prévoyants ; ne cessons de veiller de sitôt, alors même que l'orage semblerait disparaître ; laissons l'opéra pour Notre-Dame de Paris ; et, avant de courir aux combats, faisons un acte de foi, prions le Ciel de nous pardonner, car nous sommes tous plus ou moins coupables ; invoquons-le, et, forts de notre droit national, forts avec le Dieu de la patrie, nous vaincrons !

Recevez, Monsieur et très illustre Confrère, etc...

Dr VITTEAUT,

Membre correspondant de l'Académie de Dijon.

Chalon-sur-Saône, imp. L. Marceau. — 9106.

DU MÊME AUTEUR :

1º *La Médecine dans ses rapports avec la Religion.* Un vol. in-8º. 4 fr. »

2º *L'Enseignement médical de l'Ecole de Paris.* Une broch. in-8º. 1   »

3º *Le Problème politique.* Une brochure in-8º. 1   »

4º *Réflexions à l'adresse de Gambetta sur les causes de notre décadence.* Une brochure in-8º. 1   »

5º *La Solution de la question politique en l'an 1873.* Une brochure in-8º. 0 50

6º *Le Problème du temps.* Une brochure in-8º.. .... 1 50

7º *Le Suffrage universel, ou l'Avenir de la France.* Une brochure in-8º. 1 50

8º *Sur la Situation plus que critique.* 0 50

9º *L'Alliance de la Démocratie avec le Christianisme.* Une brochure in-8º. 1 50

Nota. — Contre l'envoi de timbres-poste à l'adresse de l'auteur, à Saint-Desert (Saône-et-Loire), on recevra *franco* ces ouvrages.